Impressum
Verlag: BABADADA GmbH, Nedderfeld 112 , 22529 Hamburg
Geschäftsführer / Verlagsleitung: Harald Hof
Druck: Books on Demand GmbH, In de Tarpen 42, 22848 Norderstedt

Imprint
Publisher: BABADADA GmbH, Nedderfeld 112 , 22529 Hamburg, Germany
Managing Director / Publishing direction: Harald Hof
Print: Books on Demand GmbH, In de Tarpen 42, 22848 Norderstedt

l'école

School

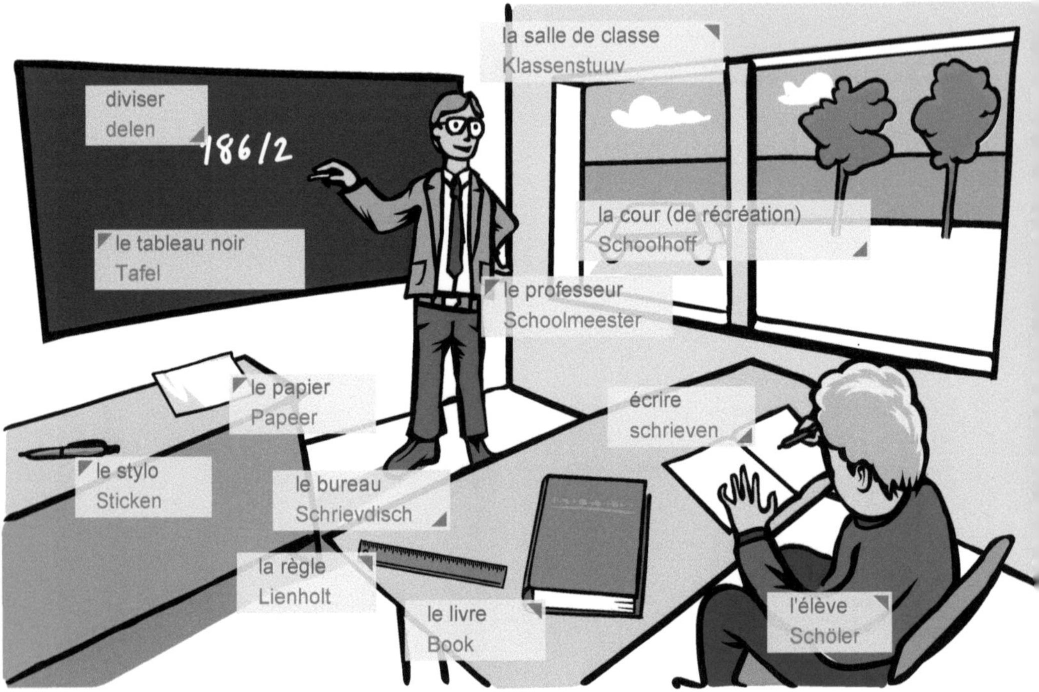
la salle de classe
Klassenstuuv
diviser
delen
186/2
le tableau noir
Tafel
la cour (de récréation)
Schoolhoff
le professeur
Schoolmeester
le papier
Papeer
écrire
schrieven
le stylo
Sticken
le bureau
Schrievdisch
la règle
Lienholt
le livre
Book
l'élève
Schöler

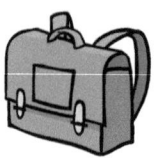

le cartable

Ranzel

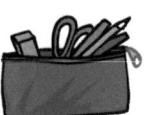

la trousse

Feddermapp

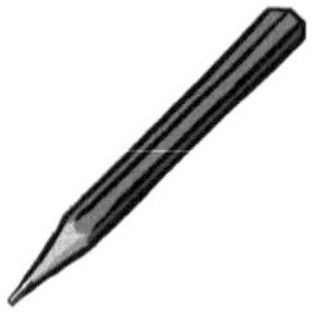

le crayon

Bleesticken

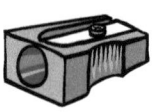

le taille-crayon

Scharpmaker

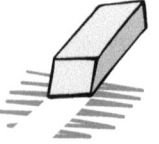

la gomme

Radeergummi

le carnet à dessin

Tekenblock

le dessin

Teken

le pinceau

Pinsel

la boîte de peinture

Malkassen

les ciseaux

Scheer

la colle

Klever

le cahier d'exercices

Heft to'n Öven

les devoirs

Huusopgaav

le chiffre

Tall

additionner

tohooptellen

soustraire

aftrecken

multiplier

malnehmen

calculer

reken

la lettre

Bookstaav

l'alphabet

ABC

le mot

Woort

le texte

Text

lire

lesen

la craie

Kried

la leçon

Stunn

le livre de classe

Klassenbook

l'examen

Pröven

le certificat

Tüügnis

l'uniforme scolaire

Schooluniform

la formation

Utbillen

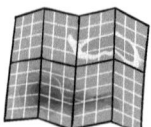

le lexique

Nakieksel

l'université

Universität

le microscope

Mikroskop

la carte

Koort

la corbeille à papier

Papeerkorf

le voyage
Törn

l'hôtel
Hotel
Grand
l'auberge
Harbarg
ROOMS
le bureau de change
Wesselstuuv
CHANGE
la valise
Kuffer
la voiture
Auto

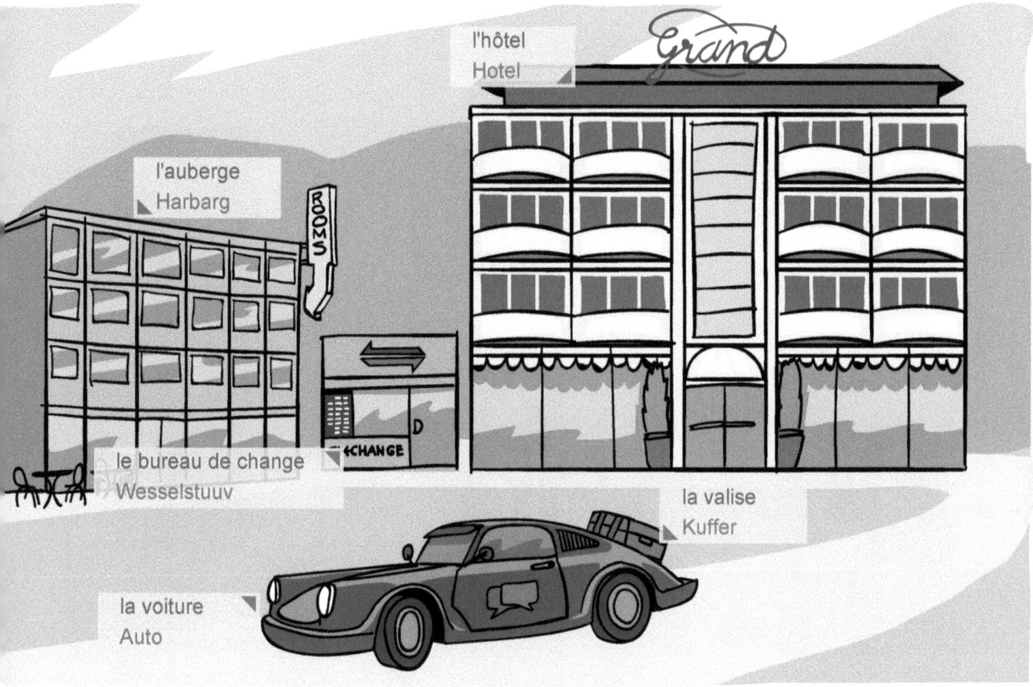

la langue

Spraak

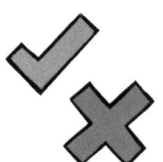

oui / non

jo / ne

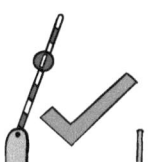

d'accord

Jo

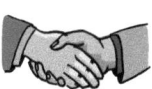

Salut

Moin

l'interprète

Översetter

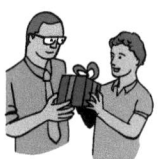

merci

Dank ok

Combien coûte...?

Wat kost...?

Je ne comprends pas

Ik verstah nich

le problème

Problem

Bonsoir !

Goden Avend

Bonjour !

Moin!

Bonne nuit !

Gode Nacht!

Au revoir

Tschüüs

la direction

Richt

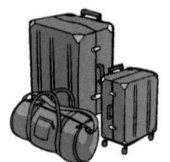

les bagages

Bagaasch

le sac

Tasch

le sac-à-dos

Rüchsack

l'hôte

Gast

la pièce

Stuuv

le sac de couchage

Slaapsack

la tente

Telt

l'office de tourisme

Touristeninformatschoon

la plage

Strand

la carte de crédit

Kreditkoort

le petit-déjeuner

Fröhstück

le déjeuner

Meddageten

le dîner

Avendeten

le billet

Fohrkort

l'ascenseur

Fohrstohl

le timbre

Breefmark

la frontière

Grenz

la douane

Toll

l'ambassade

Bottschop

le visa

Visum

le passeport

Pass

le transport
Transport

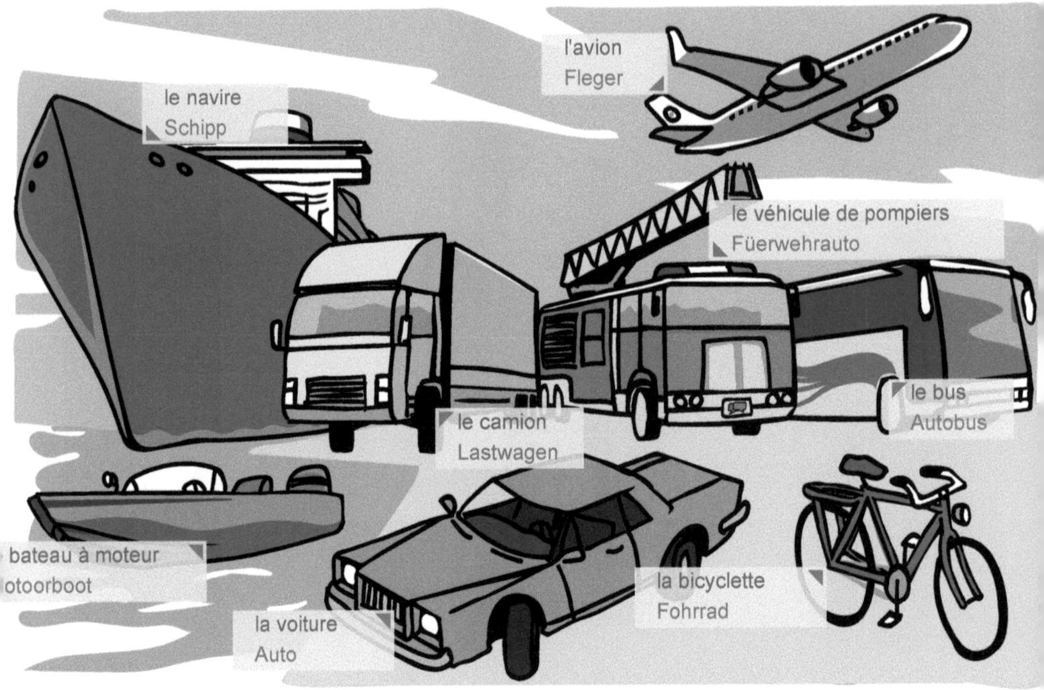
l'avion
Fleger
le navire
Schipp
le véhicule de pompiers
Füerwehrauto
le bus
Autobus
le camion
Lastwagen
bateau à moteur
otoorboot
la bicyclette
Fohrrad
la voiture
Auto

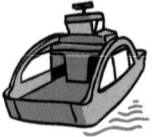

le ferry

Fähr

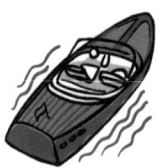

la barque

Boot

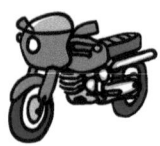

la moto

Motoorrad

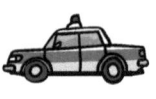

la voiture de police

Polizeiauto

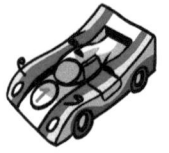

la voiture de course

Rönnauto

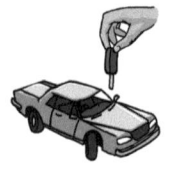

la voiture de location

Lehnwagen

l'auto-partage

Carsharing

la voiture de remorquage

Afsleepwagen

la benne à ordures

Müllauto

le moteur

Motoor

l'essence

Kraftstoff

la station d'essence

Tanksteed

le panneau indicateur

Verkehrsschild

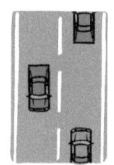

le trafic

Verkehr

l'embouteillage

Stau

le parking

Afstellplatz

la gare

Bahnhoff

les rails

Sporen

le train

Tog

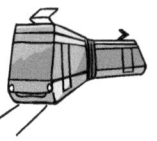

le tramway

Stratenbahn

le wagon

Wagon

l'hélicoptère

Dwarsmöhl

l'aéroport

Flooghaven

la tour

Tower

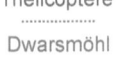

le passager

Fohrgast

le conteneur

Grootkist

le carton

Karton

le chariot

Koor

la corbeille

Korf

décoller / atterrir

starten / lannen

la ville
Stadt

le village

Dörp

le centre-ville

Binnenstadt

la maison

Huus

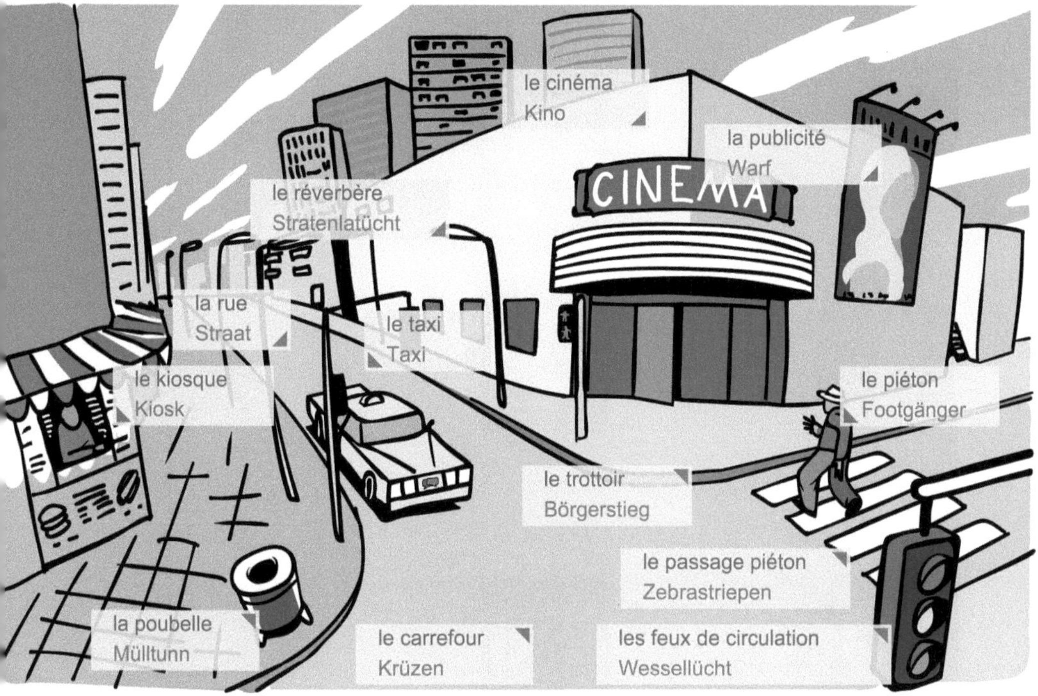

le cinéma
Kino

la publicité
Warf

le réverbère
Stratenlatücht

la rue
Straat

le taxi
Taxi

le kiosque
Kiosk

le piéton
Footgänger

le trottoir
Börgerstieg

le passage piéton
Zebrastriepen

la poubelle
Mülltunn

le carrefour
Krüzen

les feux de circulation
Wessellücht

CINEMA

la cabane
....
Hütt

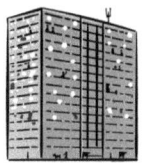

l'appartement
....
Wahnung

la gare
....
Bahnhoff

la mairie
....
Raathuus

le musée
....
Museum

l'école
....
School

l'université
Universität

la banque
Bank

l'hôpital
Krankenhuus

l'hôtel
Hotel

la pharmacie
Afteek

le bureau
Büro

la librairie
Bookhökerie

le magasin
Hökerie

le fleuriste
Blomenhökerie

le supermarché
Supermarkt

le marché
Markt

le grand magasin
Koophuus

la poissonnerie
Fischhökerie

le centre commercial
Inkoopszentrum

le port
Haven

le parc

Parkanlaag

la banque

Bank

le pont

Brüch

les escaliers

Trepp

le métro

Ünnergrundbahn

le tunnel

Tunnel

l'arrêt de bus

Busstoppsteed

le bar

Bar

le restaurant

Spieslokal

la boîte à lettres

Breefkassen

le panneau indicateur

Stratenschild

le parcmètre

Parkklock

le zoo

Deertenpark

le réverbère

Baadanstalt

la mosquée

Moschee

la ferme

Buernhoff

la pollution

Ümweltversmudden

la cimetière

Karkhoff

l'église

Kark

l'aire de jeux

Speelplatz

le temple

Tempel

le paysage
Landschop

la feuille
Blatt

le panneau indicateur
Wiespahl

le chemin
Weg

le pré
Wisch

la pierre
Steen

l'arbre
Boom

le randonneur
Wannerer

la rivière
Fluss

l'herbe
Gras

la fleur
Bloom

la vallée
....
Daal

la montagne
....
Barg

le lac
....
See

la forêt
....
Holt

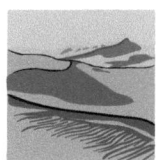

le désert
....
Wööst

le volcan
....
Füerspien Barg

le château
....
Slott

l'arc-en-ciel
....
Regenbagen

le champignon
....
Poggenstohl

le palmier
....
Palm

le moustique
....
Steekmück

la mouche
....
Fleeg

les fourmis
....
Miegeemk

l'abeille
....
Imm

l'araignée
....
Spinn

le coléoptère

Sebber

la grenouille

Pogg

l'écureuil

Katteker

le hérisson

Swienegel

le lièvre

Haas

la chouette

Uul

l'oiseau

Vagel

le cygne

Swaan

le sanglier

Wildswien

le cerf

Hirsch

l'élan

Elk

le barrage

Staudamm

l'éolienne

Windrad

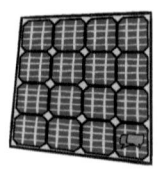

le panneau solaire

Solarmodul

le climat

Klima

le restaurant
Spieslokal

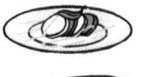

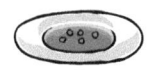

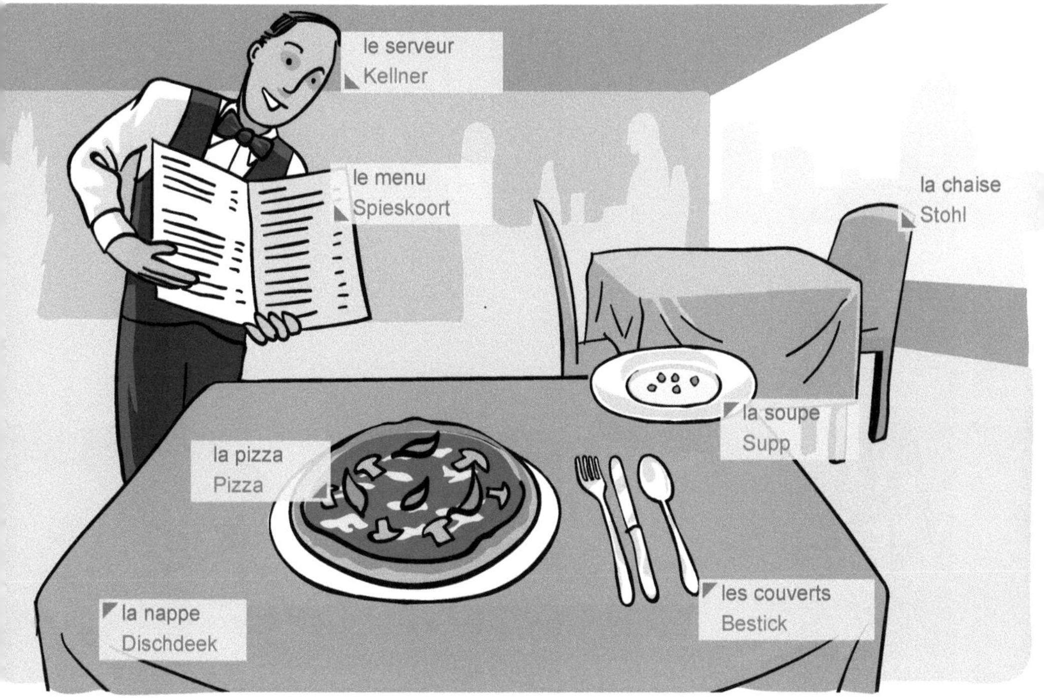
le serveur
Kellner
le menu
Spieskoort
la chaise
Stohl
la soupe
Supp
la pizza
Pizza
les couverts
Bestick
la nappe
Dischdeek

les hors d'œuvre
....
Vörspies

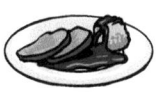

le plat principal
....
Haupteten

le dessert
....
Nadisch

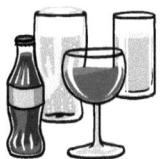

les boissons
....
Drünk

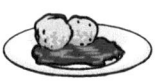

l'alimentation
....
Eten

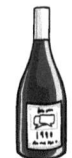

la bouteille
....
Buddel

le fast-food

Fastfood

les plats à emporter

Strateneten

la théière

Teekann

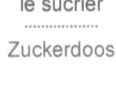

le sucrier

Zuckerdoos

la portion

Portschoon

la machine à expresso

Espressomaschien

la chaise haute

Hoochstohl

la facture

Reken

le plateau

Tablett

le couteau

Mess

la fourchette

Gavel

la cuillère

Lepel

la cuillère à thé

Teelepel

la serviette

Munddook

le verre

Glas

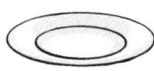

l'assiette

Töller

l'assiette à soupe

Suppentöller

la soucoupe

Ünnertass

la sauce

Sooß

la salière

Soltstreuer

le moulin à poivre

Pepermöhl

le vinaigre

Etig

l'huile

Ööl

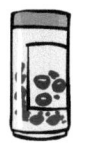

les épices

Krüder

le ketchup

Ketchup

la moutarde

Mostrich

la mayonnaise

Mayonnaise

le supermarché

Supermarkt

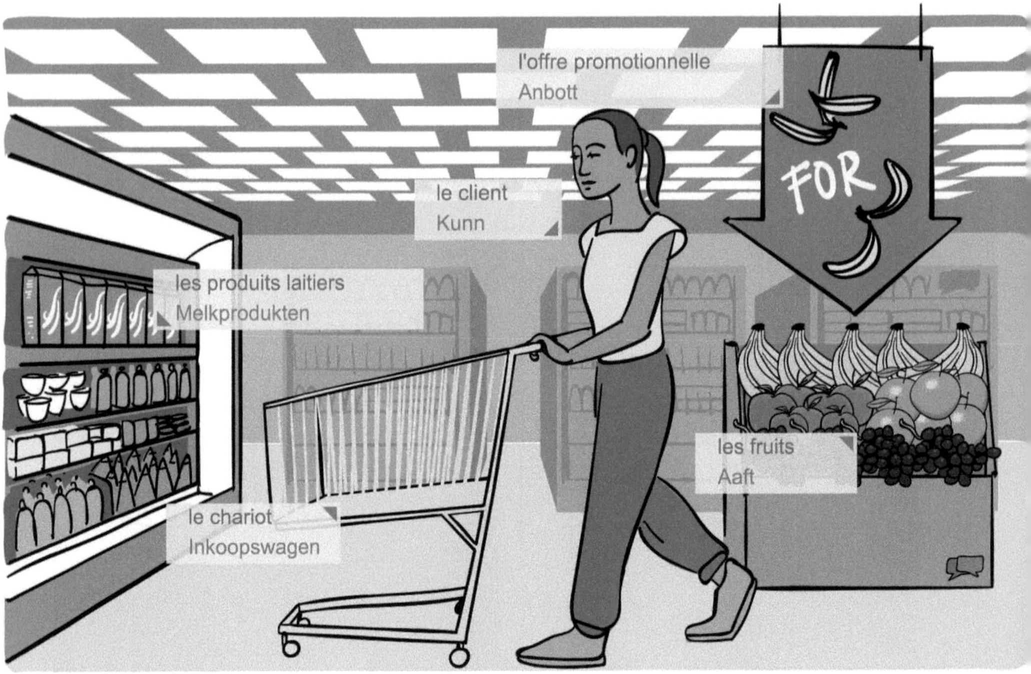

l'offre promotionnelle
Anbott
FOR
le client
Kunn
les produits laitiers
Melkprodukten
les fruits
Aaft
le chariot
Inkoopswagen

BUTCHERS

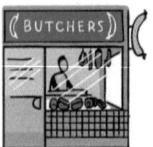

la boucherie

Slachterie

BAKERY

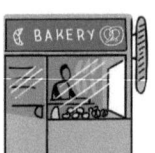

la boulangerie

Bäckerie

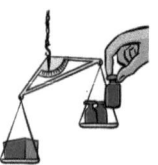

peser

wegen

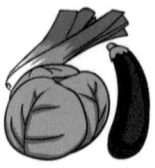

les légumes

Gröönsaken

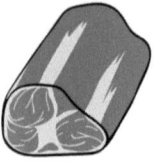

la viande

Fleesch

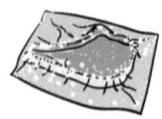

les aliments surgelés

Deepköhlkost

la charcuterie
Opsnitt

les conserves
Konserven

la poudre à lessive
Waschmiddel

les bonbons
Snoopkraam

les articles ménagers
Huushooltssaken

les détergents
Reinmaaktüüch

la vendeuse
Verköpersche

la caisse
Kass

le caissier
Kasserer

la liste d'achats
Inkoopslist

les heures d'ouverture
Opsparrtieden

le portefeuille
Breeftasch

la carte de crédit
Kreditkoort

le sac
Tasch

le sac en plastique
Plastiktüüt

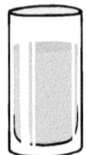

l'eau

Water

le jus de fruit

Saft

le lait

Melk

le coca

Cola

le vin

Wien

la bière

Beer

l'alcool

Spriet

le chocolat chaud

Kakao

le thé

Tee

le café

Koffie

l'expresso

Espresso

le cappuccino

Cappucino

la banane

Banaan

la pomme

Appel

l'orange

Appelsien

le melon

Meloon

le citron.

Zitroon

la carotte

Wöttel

l'ail

Knuuvlook

le bambou

Bambus

l'oignon

Zibbel

le champignon

Poggenstohl

les noisettes

Nööt

les pâtes

Nudeln

les spaghetti

Spaghetti

le riz

Ries

la salade

Salat

les pommes frites

Pommes frites

les pommes de terre rôties

Braadkantüffeln

la pizza

Pizza

le hamburger

Hamborger

le sandwich

Sandwich

l'escalope

Snitzel

le jambon

Schinken

le salami

Salami

la saucisse

Wust

le poulet

Hohn

le rôti

Braden

le poisson

Fisch

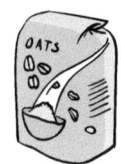

les flocons d'avoine

Haverflocken

le muesli

Müsli

les cornflakes

Cornflakes

la farine

Mehl

le croissant

Croissant

les petits-pains

Rundstück

le pain

Broot

le pain grillé

Toast

les biscuits

Keksen

le beurre

Botter

le fromage blanc

Quark

le gâteau

Koken

l'œuf

Ei

l'œuf au plat

Spegelei

le fromage

Kees

la glace
les

le sucre
Zucker

le miel
Honnig

la confiture
Marmelaad

la crème nougat
Nougat-Creme

le curry
Curry

la ferme
Buernhoff

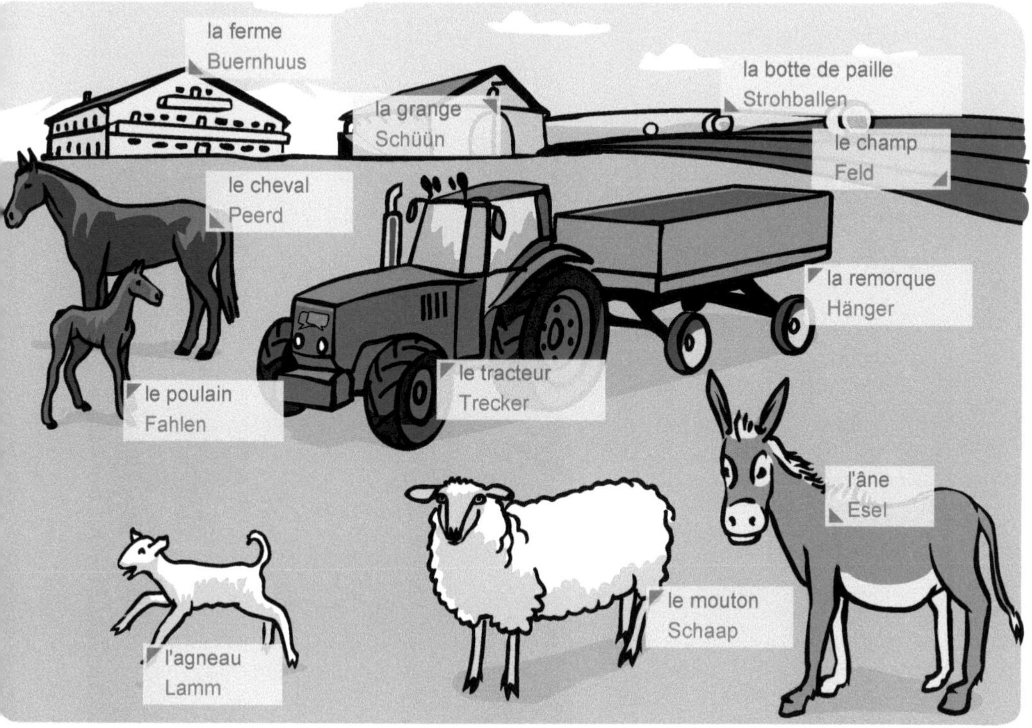
la ferme
Buernhuus
la grange
Schüün
la botte de paille
Strohballen
le champ
Feld
le cheval
Peerd
la remorque
Hänger
le tracteur
Trecker
le poulain
Fahlen
l'âne
Esel
le mouton
Schaap
l'agneau
Lamm

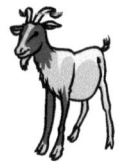

la chèvre
Zeeg

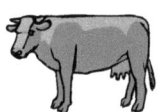

la vache
Koh

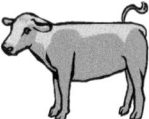

le veau
Kalf

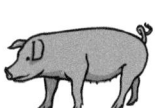

le porc
Swien

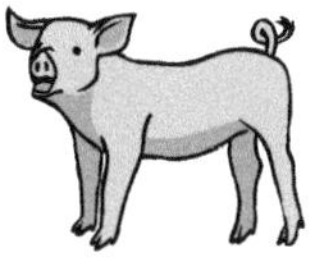

le porcelet
Farken

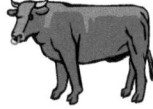

le taureau
Bull

l'oie

Goos

le canard

Aant

le poussin

Küken

la poule

Hohn

le coq

Hahn

le rat

Rott

le chat

Katt

la souris

Muus

le bœuf

Oss

le chien

Hund

le chenil

Hunnenhütt

le tuyau de jardin

Goornslauch

l'arrosoir

Geetkann

la faucheuse

Lee

la charrue

Ploog

la faucille

Sich

la pioche

Hack

la fourche

Mestfork

la hache

Ext

la brouette

Schuufkoor

la cuve

Trog

le pot à lait

Melkkann

le sac

Sack

la clôture

Tuun

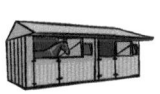

l'étable

Stall

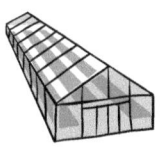

le serre

Drievhuus

le sol

Bodden

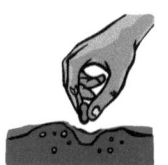

les semences

Saat

l'engrais

Dünger

la moissonneuse-batteuse

Meihdöscher

récolter

oornen

la récolte

Oorn

l'igname

Yamswöttel

le blé

Weten

le soja

Soja

la pomme de terre

Kantüffel

le maïs

Törksche Weten

le colza

Rapp

l'arbre fruitier

Aaftboom

le manioc

Troopsch Kantüffel

les céréales

Koorn

la maison
Huus

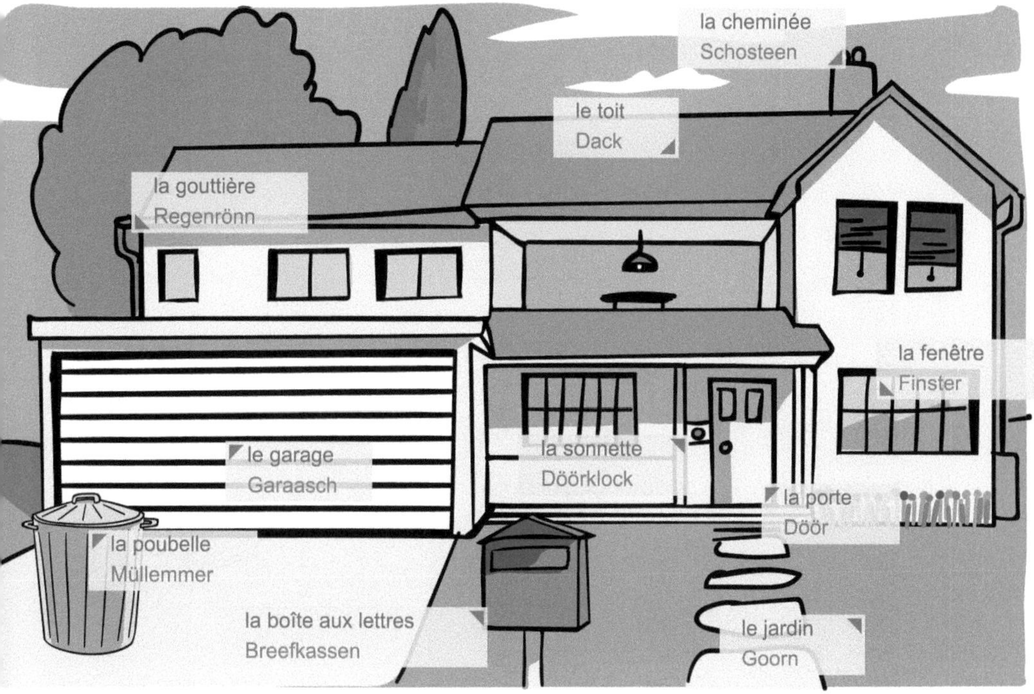
la cheminée
Schosteen
le toit
Dack
la gouttière
Regenrönn
la fenêtre
Finster
le garage
Garaasch
la sonnette
Döörklock
la porte
Döör
la poubelle
Müllemmer
la boîte aux lettres
Breefkassen
le jardin
Goorn

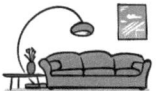

le salon

Wahnstuuv

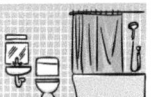

la salle de bain

Baadstuuv

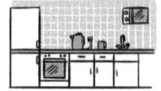

la cuisine

Köök

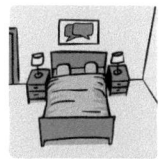

la chambre à coucher

Slaapstuuv

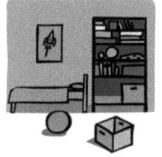

la chambre d'enfant

Kinnerstuuv

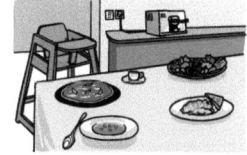

la salle à manger

Eetstuuv

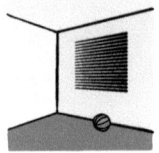

le sol

Footbodden

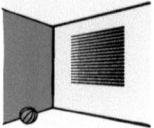

le mur

Wand

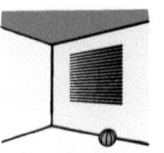

le plafond

Deek

la cave

Keller

le sauna

Hittluftbad

le balcon

Balkòn

la terrasse

Terrass

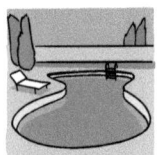

la piscine

Swümmbad

la tondeuse à gazon

Rasenmeiher

la housse

Bettbetog

la couette

Bettdeek

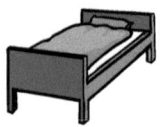

le lit

Puuch

le balai

Bessen

le sceau

Emmer

l'interrupteur

Schalter

la maison - Huus

le salon
Wahnstuuv

le papier peint
Tapeet
l'image
Bild
la lampe
Lamp
l'étagère
Regal
l'armoire
Schapp
la télé
Kiekkassen
la cheminée
Kamin
la fleur
Bloom
le coussin
Küssen
le sofa
Sofa
le vase
Vaas
la télécommande
Feernbedenen

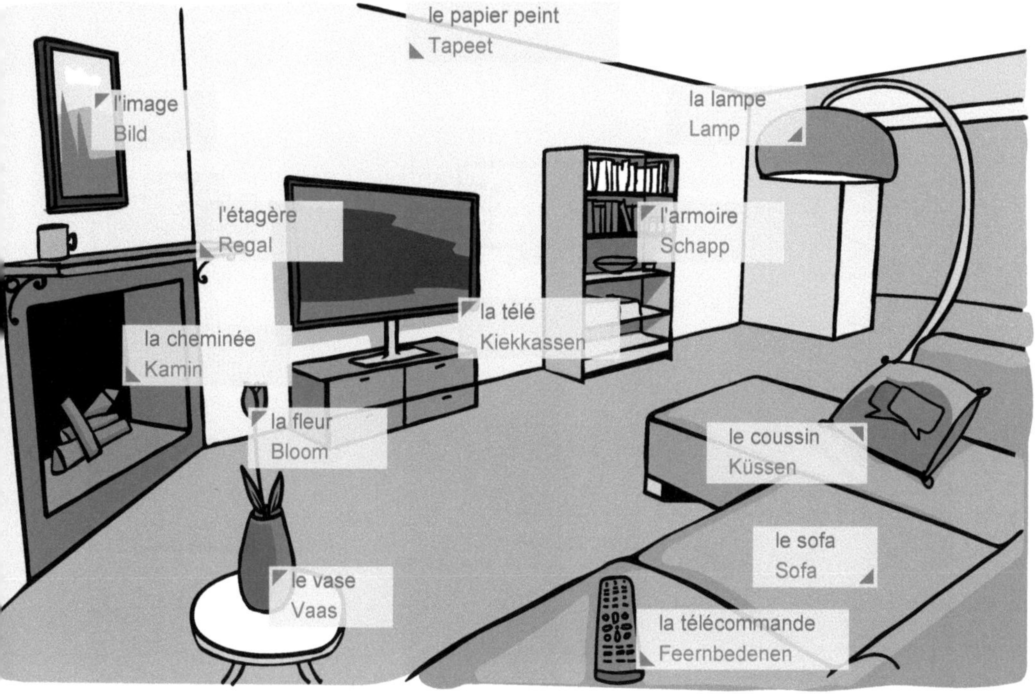

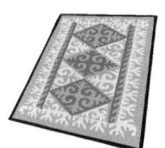

le tapis
Teppich

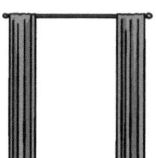

le rideau
Vörhang

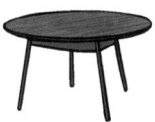

la table
Disch

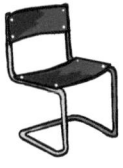

la chaise
Stohl

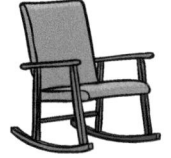

la chaise à bascule
Schuckelstohl

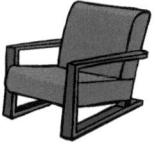

le fauteuil
Sessel

le livre

Book

la couverture

Deek

la décoration

Dekoratschoon

le bois de chauffage

Füerholt

le film

Film

la chaîne hi-fi

Stereoanlaag

la clé

Slötel

le journal

Narichtenblatt

la peinture

Gemälde

le poster

Poster

la radio

Radio

le bloc-notes

Opschrievblock

l'aspirateur

Huulbessen

le cactus

Kaktus

la bougie

Kars

la cuisine
Köök

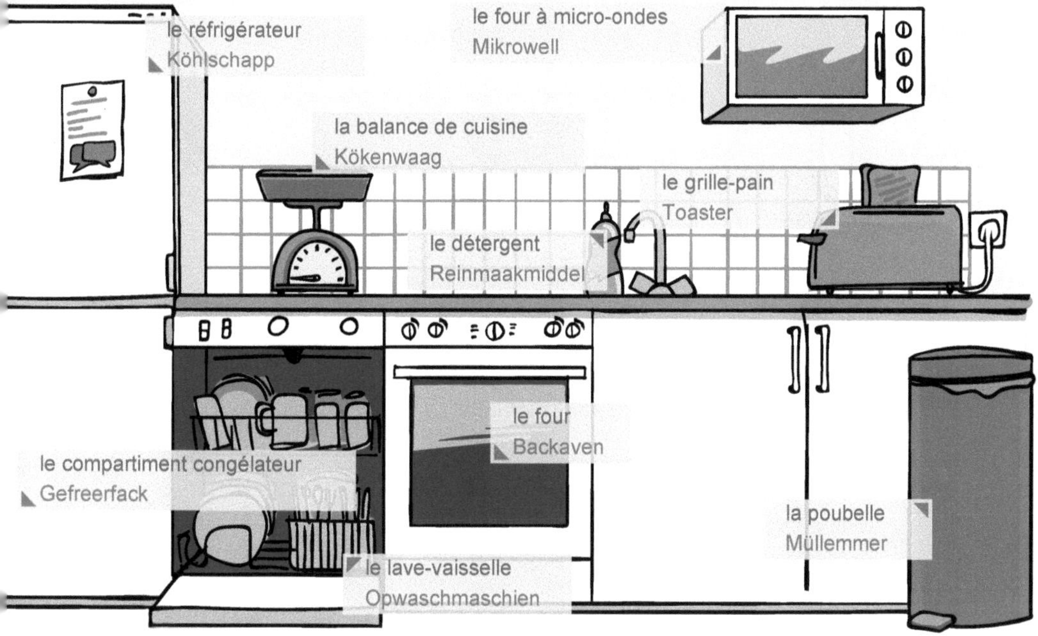
le réfrigérateur
Köhlschapp
le four à micro-ondes
Mikrowell
la balance de cuisine
Kökenwaag
le grille-pain
Toaster
le détergent
Reinmaakmiddel
le four
Backaven
le compartiment congélateur
Gefreerfack
la poubelle
Müllemmer
le lave-vaisselle
Opwaschmaschien

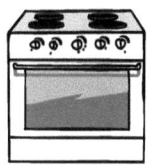

le four

Heerd

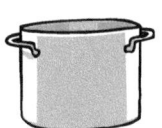

la casserole

Pott

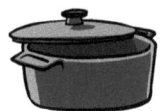

la marmite

Gussiesern Putt

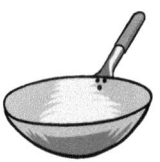

le wok / kadai

Wok / Kadai

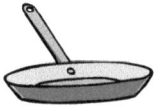

la poêle

Pann

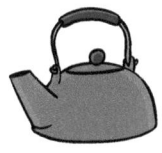

la bouilloire electrique

Waterkaker

le cuiseur vapeur

Dampkaakputt

la plaque de cuisson

Backblick

la vaisselle

Geschirr

le gobelet

Beker

la coupe

Schaal

les baguettes

Eetsticken

la louche

Suppenkell

la spatule

Pannenwenner

le fouet

Sneebessen

la passoire

Kaakseef

le tamis

Seef

la râpe

Riev

le mortier

Mörser

le barbecue

Grill

la cheminée

Füerstell

la planche à découper

Sniedbrett

le rouleau à pâtisserie

Nudelholt

le tire-bouchon

Proppentrecker

la boîte

Doos

l'ouvre-boîte

Dosenaapner

les maniques

Pottlappen

le lavabo

Waschbecken

la brosse

Böst

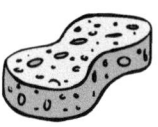

l'éponge

Swamm

le mixeur

Mixer

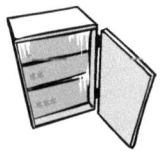

le congélateur

Iesschapp

le biberon

Nuckelbuddel

le robinet

Waterhahn

la salle de bain
Baadstuuv

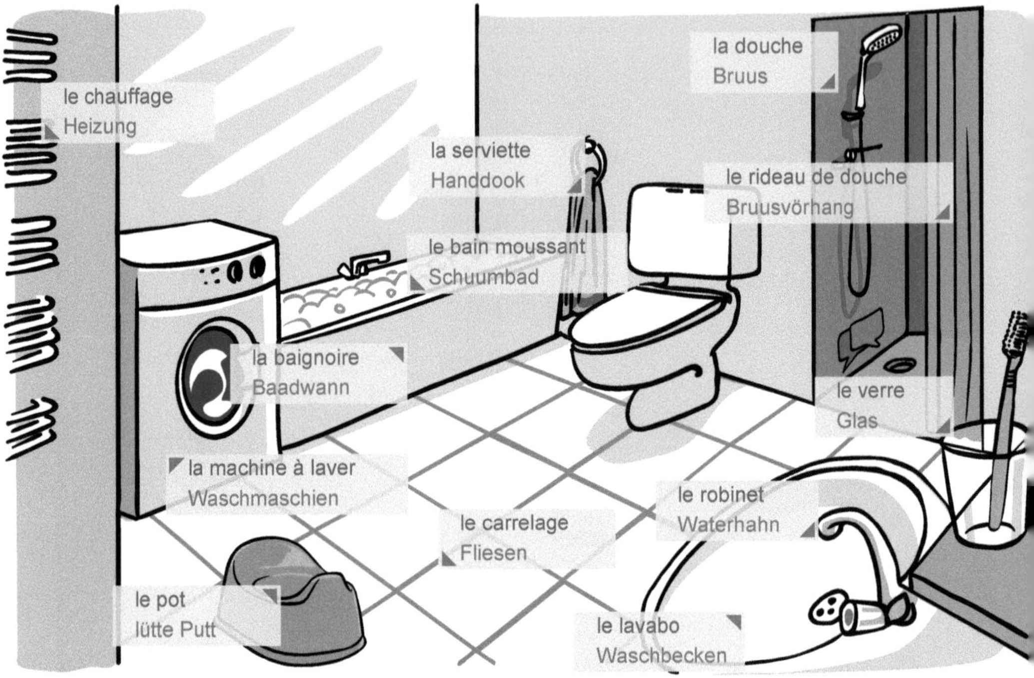
le chauffage
Heizung
la douche
Bruus
la serviette
Handdook
le rideau de douche
Bruusvörhang
le bain moussant
Schuumbad
la baignoire
Baadwann
le verre
Glas
la machine à laver
Waschmaschien
le robinet
Waterhahn
le carrelage
Fliesen
le pot
lütte Putt
le lavabo
Waschbecken

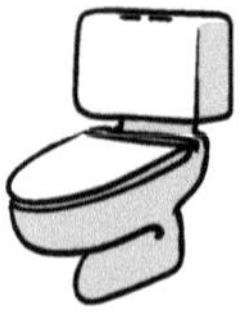

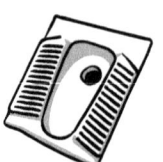

les toilettes
Tante Meier

la toilette à la turque
Hockklo

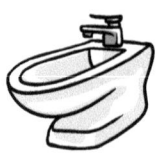

le bidet
Bidet

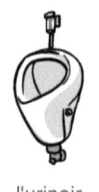

l'urinoir
Miegbecken

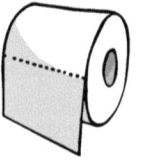

le papier toilette
Klopapeer

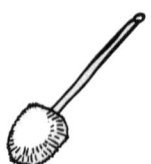

la brosse à toilette
Kloböst

la brosse à dents

Tähnböst

le dentifrice

Tähnpast

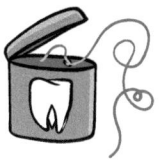

le fil dentaire

Tähnsied

laver

waschen

la douche manuelle

Handbruus

la douche intime

Intimbruus

la vasque

Waschschöttel

la brosse dorsale

Rüchböst

le savon

Seep

le gel douche

Bruusgeel

le shampooing

Hoorwaschmiddel

le gant de toilette

Waschlappen

l'écoulement

Afloop

la crème

Creme

le déodorant

Deodorant

le miroir

Spegel

le miroir cosmétique

Kosmetikspegel

le rasoir

Raserer

la mousse à raser

Raseerschuum

l'après-rasage

Raseerwater

la peigne

Kamm

la brosse

Böst

le sèche-cheveux

Hoordröger

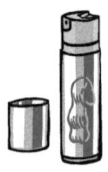

la laque pour cheveux

Hoorspray

le fond de teint

Smink

le rouge à lèvres

Lippensticken

le vernis à ongles

Nagellack

l'ouate

Watt

le coupe-ongles

Nagelscheer

le parfum

Rüükwater

la trousse de toilette

Kulturbüdel

le tabouret

Schemel

le pèse-personne

Waag

le peignoir

Baadmantel

les gants de nettoyage

Gummihanschen

le tampon

Tampon

les serviettes hygiéniques

Damenbinn

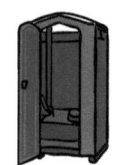

la toilette chimique

Chemieklo

la chambre d'enfant
Kinnerstuuv

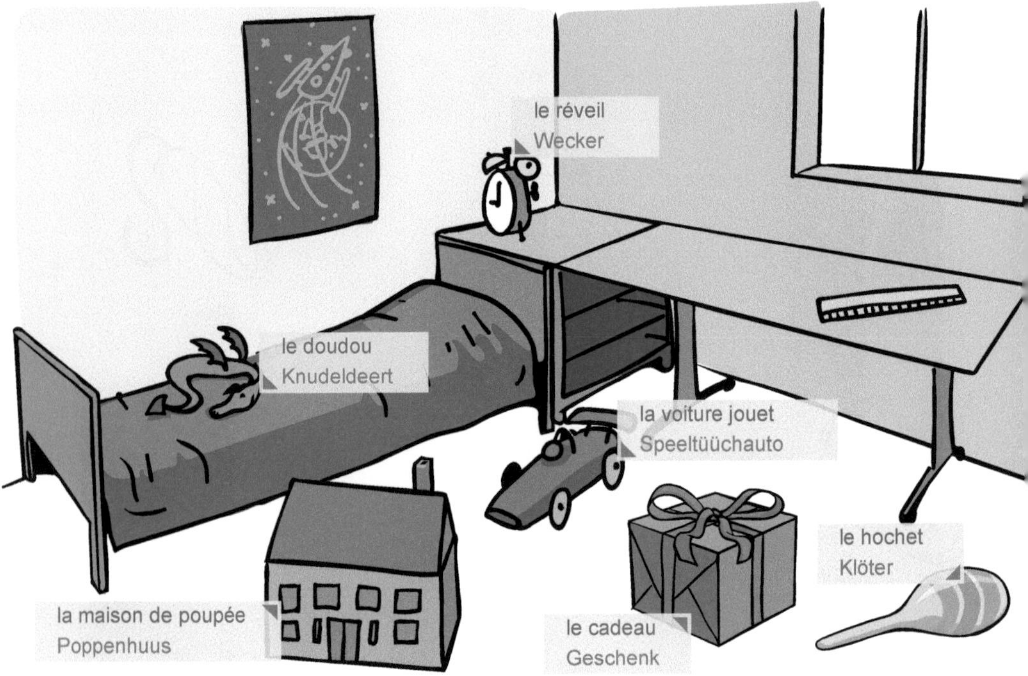

le réveil
Wecker
le doudou
Knudeldeert
la voiture jouet
Speeltüüchauto
le hochet
Klöter
la maison de poupée
Poppenhuus
le cadeau
Geschenk

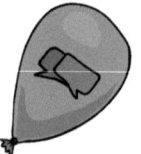

le ballon

Luftballon

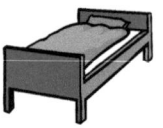

le lit

Puuch

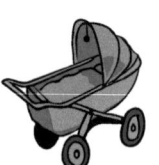

la poussette

Kinnerwagen

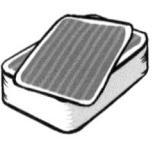

le jeu de cartes

Koortenspeel

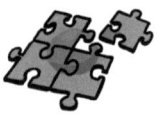

le puzzle

Puzzle

SUPER
MEGA

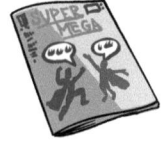

la bande dessinée

Billergeschicht

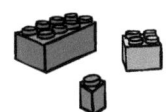

les pièces lego

Legostenen

les blocs de construction

Bustenen

la figurine

Action-Figur

la grenouillère

Strampelantog

le frisbee

Frisbeeschiev

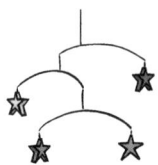

le mobile

Mobile

le jeu de société

Brettspeel

le dé

Wörpel

le train miniature

Modelliesenbahn

la sucette

Snuller

la fête

Party

le livre d'images

Billerbook

la balle

Ball

la poupée

Popp

jouer

spelen

le bac à sable

Sandkassen

la balançoire

Schuckel

les jouets

Speeltüüch

la console de jeu

Speelkonsool

le tricycle

Dreerad

l'ours en peluche

Teddyboor

l'armoire

Klederschapp

les vêtements

Tüüch

les chaussettes

Socken

les bas

Strümp

le collant

Strumpbüx

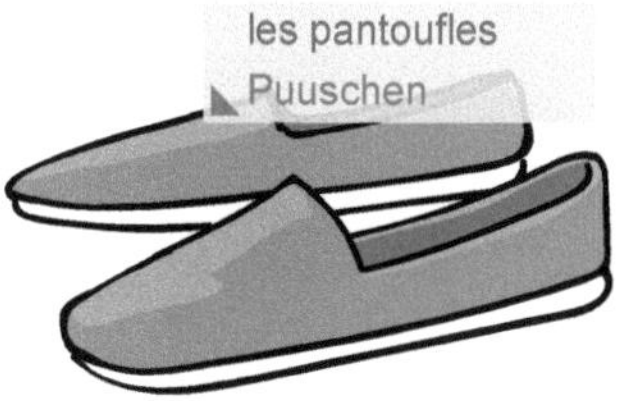

l'écharpe
Halsdook

le parapluie
Paraplü

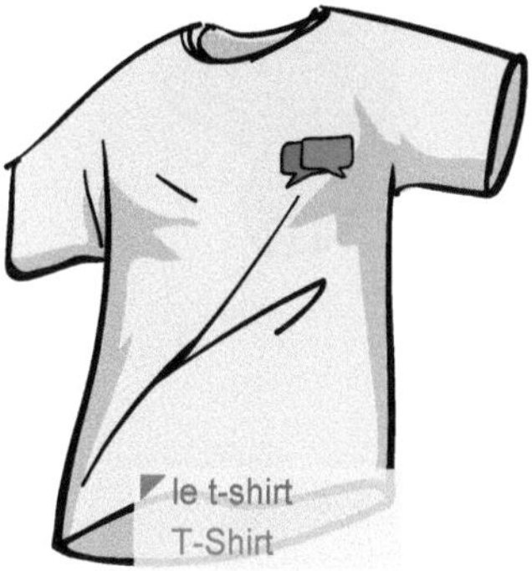

le t-shirt
T-Shirt

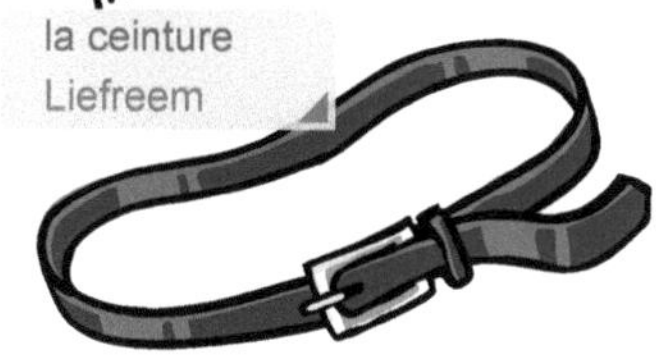

la ceinture
Liefreem

les bottes
Stevel

les pantoufles
Puuschen

les baskets
Turnschoh

les sandales
Sandalen

les chaussures
Schoh

les bottes de caoutchouc
Gummistevel

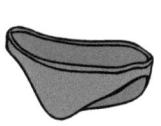

les sous-vêtements
Ünnerbüx

le soutien-gorge
Bostholler

le maillot de corps
Ünnerhemd

le body

Lief

le pantalon

Büx

le jean

Jeansnüx

la jupe

Rock

le chemisier

Bluus

la chemise

Hemd

le pull

Pullover

le sweat à capuche

Kapuzenpullover

la veste

Blazer

la veste

Jack

le manteau

Mantel

l'imperméable

Övertrecker

le costume

Kostüm

la robe

Kleed

la robe de mariée

Hochtietskleed

les vêtements - Tüüch

le costume

Antog

la chemise de nuit

Nachtkleed

le pyjama

Slaapantog

le sari

Sari

le foulard

Koppdook

le turban

Turban

la burqa

Burka

le caftan

Kaftan

l'abaya

Abaya

le maillot de bain

Baadantog

le maillot de bain

Baadbüx

le short

Korte Büx

la tenue d'entraînement

Antog to'n Öven

le tablier

Schört

les gants

Handschoh

le bouton

....

Knopp

les lunettes

....

Brill

le bracelet

....

Armband

le collier

....

Halskeed

la bague

....

Ring

la boucle d'oreille

....

Ohrbummel

le bonnet

....

Mütz

le cintre

....

Klederbögel

le chapeau

....

Hoot

la cravate

....

Binner

la fermeture éclair

....

Rietslüter

le casque

....

Helm

les bretelles

....

Drachtband

l'uniforme scolaire

....

Schooluniform

l'uniforme

....

Uniform

le bavoir
Severböten

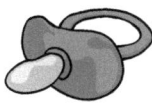

la sucette
Snuller

la lange
Winnel

le bureau
Büro

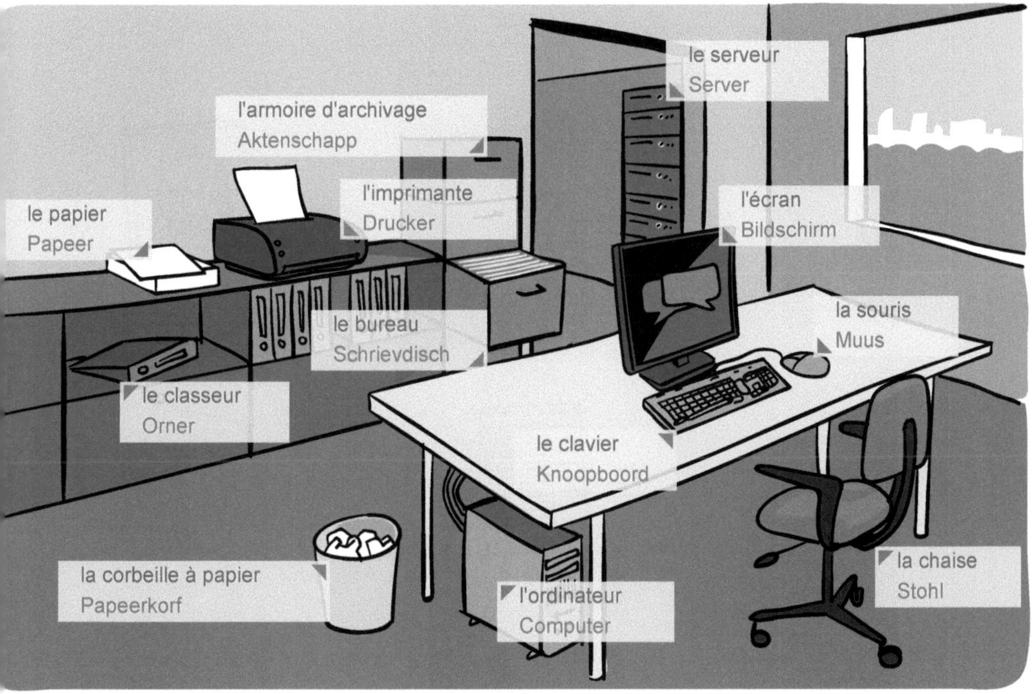

l'armoire d'archivage
Aktenschapp

le serveur
Server

l'imprimante
Drucker

l'écran
Bildschirm

le papier
Papeer

le bureau
Schrievdisch

la souris
Muus

le classeur
Orner

le clavier
Knoopboord

la corbeille à papier
Papeerkorf

l'ordinateur
Computer

la chaise
Stohl

la tasse de café
Koffiebeker

la calculatrice
Taschenreekner

l'internet
Internet

l'ordinateur portable
....
Klappreekner

la lettre
....
Breef

le message
....
Naricht

le portable
....
Ackersnacker

le réseau
....
Nettwark

la photocopieuse
....
Kopeerapparat

le logiciel
....
Software

le téléphone
....
Klöönkassen

la prise
....
Steekdoos

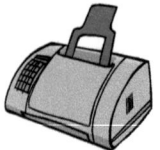

le fax
....
Faxapparat

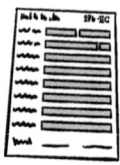

le formulaire
....
Formulor

le document
....
Dokument

acheter

köpen

payer

betahlen

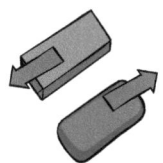

faire du commerce

hanneln

la monnaie

Geld

le dollar

Dollar

l'euro

Euro

le yen

Yen

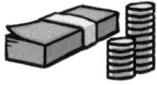

le rouble

Ruvel

le franc suisse

Swiezer Franken

le renminbi yuan

Renminbi Yuan

la roupie

Rupie

le distributeur automatique

Geldautomat

le bureau de change

Wesselstuuv

l'or

Gold

l'argent

Sülver

le pétrole

Ööl

l'énergie

Energie

le prix

Pries

le contrat

Verdrag

la taxe

Stüer

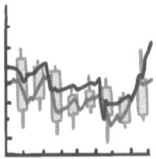

l'action

Andeelschien

travailler

arbeiden

l'employé

Anstellte

l'employeur

Arbeitgever

l'usine

Fabrik

le magasin

Hökerie

l'agent de police
Wachtmeester

le pompier
Füerwehrmann

le cuisinier
Kock

le médecin
Dokter

le pilote
Fleger

le jardinier
Goorner

le menuisier
Discher

la couturière
Neihersche

le juge
Richter

le chimiste
Chemiker

l'acteur
Schauspeler

le conducteur de bus

Busfohrer

le chauffeur de taxi

Taxifohrer

le pêcheur

Fischer

la femme de ménage

Reinmaakfru

le couvreur

Dackdecker

le serveur

Kellner

le chasseur

Jäger

le peintre

Maler

le boulanger

Bäcker

l'électricien

Elektriker

l'ouvrier

Buarbeider

l'ingénieur

Ingenieur

le boucher

Slachter

le plombier

Klempner

le facteur

Postbüdel

le soldat

Suldat

l'architecte

Architekt

le caissier

Kasserer

le fleuriste

Florist

le coiffeur

Putzbüdel

le contrôleur

Schaffner

le mécanicien

Mechaniker

le capitaine

Kaptein

le dentiste

Tähndokter

le scientifique

Wetenschopler

le rabbin

Rabbi

l'imam

Imam

le moine

Mönk

le prêtre

Paap

les outils
Warktüüch

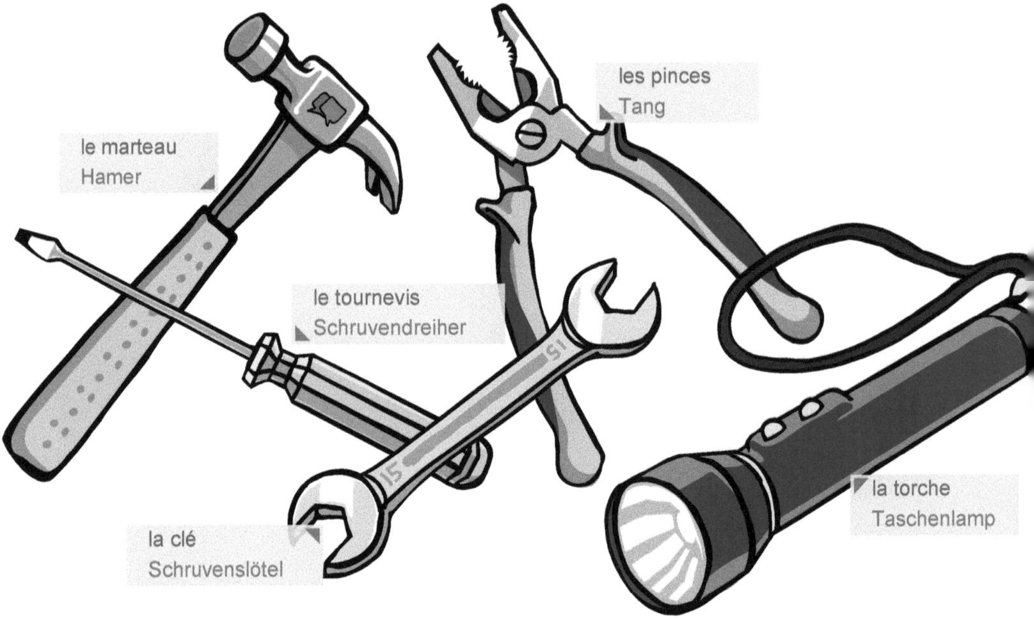
le marteau
Hamer
les pinces
Tang
le tournevis
Schruvendreiher
la clé
Schruvenslötel
la torche
Taschenlamp

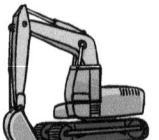

la pelleteuse

Grieper

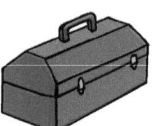

la boîte à outils

Warktüüchkassen

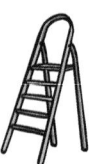

l'échelle

Ledder

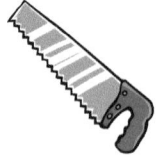

la scie

Saag

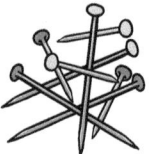

les clous

Nagels

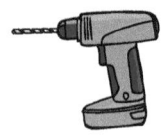

la perceuse

Bohrer

réparer

heelmaken

la pelle

Schüffel

Mince !

Schiet!

la pelle

Kehrblick

le pot de peinture

Farvpott

les vis

Schruven

les instruments de musique
Musikinstrumenten

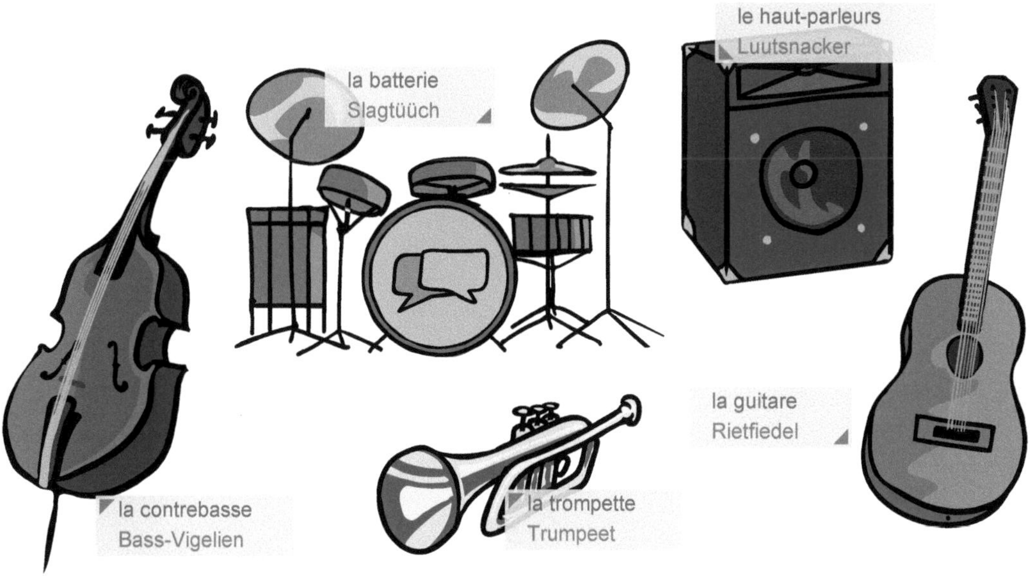

le haut-parleurs
Luutsnacker

la batterie
Slagtüüch

la guitare
Rietfiedel

la contrebasse
Bass-Vigelien

la trompette
Trumpeet

le piano

Klaveer

le violon

Vigelien

la basse

Bass

les timbales

Pauk

le tambour

Trummeln

le piano électrique

Keyboard

le saxophone

Saxophon

la flûte

Fleut

le microphone

Mikrofoon

le zoo
Deertenpark

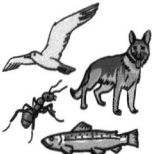

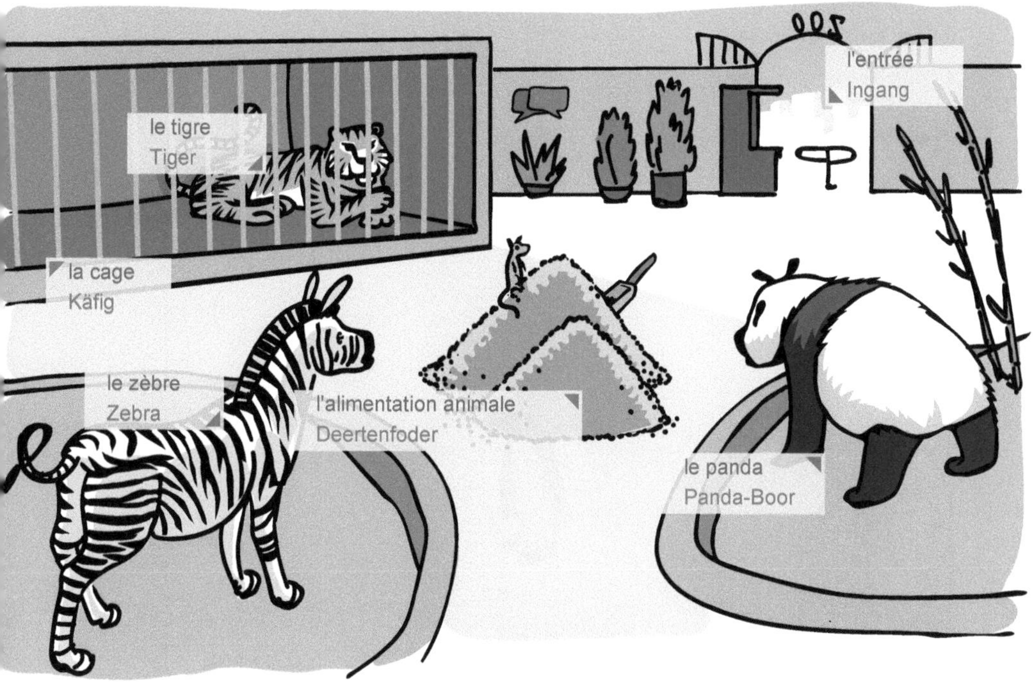

l'entrée
Ingang
le tigre
Tiger
la cage
Käfig
le zèbre
Zebra
l'alimentation animale
Deertenfoder
le panda
Panda-Boor

les animaux

Deerten

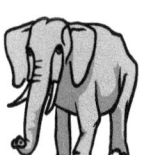

l'éléphant

Elefant

le kangourou

Känguru

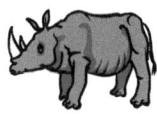

le rhinocéros

Neeshoorn

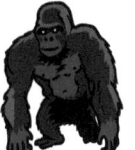

le gorille

Gorilla

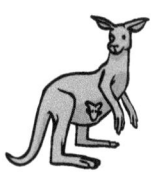

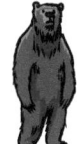

l'ours

Boor

le chameau

Kameel

l'autruche

Struuß

le lion

Lööv

le singe

Aap

le flamand rose

Flamingo

le perroquet

Papagoi

l'ours polaire

Iesboor

le pingouin

Pinguin

le requin

Haifisch

le paon

Pageluun

le serpent

Slang

le crocodile

Krokodil

le gardien de zoo

Oppasser in'n Deertenpark

le phoque

Saalhund

le jaguar

Jaguor

le poney

Pony

le léopard

Leopard

l'hippopotame

Nilpeerd

la girafe

Giraff

l'aigle

Aadler

le sanglier

Wildswien

le poisson

Fisch

la tortue

Schildkrööt

le morse

Walross

le renard

Voss

la gazelle

Gazell

l'american Football
Amerikaansch Football

le cyclisme
Radfohren

le tennis
Tennis

le basket-ball
Korfball

la natation
Swümmen

la boxe
Boxen

le hockey sur glace
leshockey

le football
Football

le badminton
Fedderball

l'athlétisme
Leichtathletik

le handball
Handball

le ski
Skilopen

le polo
Polo

les activités

Aktivitäten

rire
lachen
sauter
springen
embrasser
ümarmen
marcher
gahn
chanter
singen
rêver
drömen
prier
beden
faire la bise
snuteln

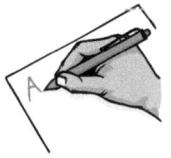

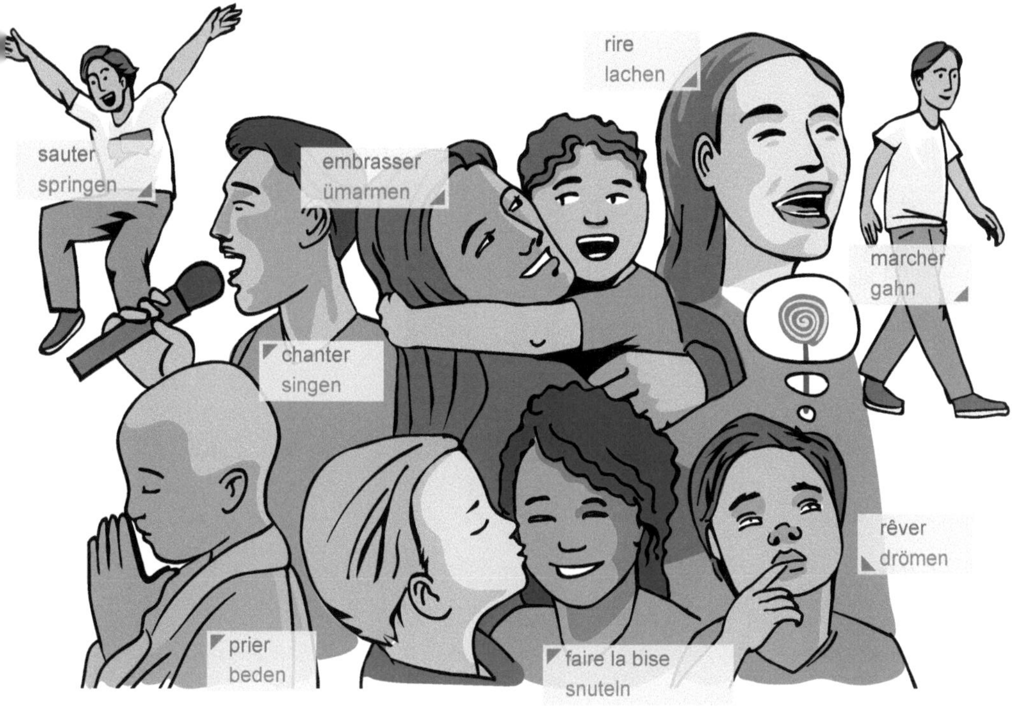

écrire schrieven	dessiner teken	montrer wiesen
pousser drücken	donner geven	prendre nehmen

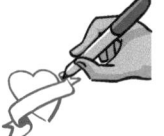

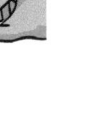

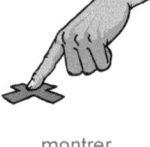

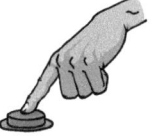

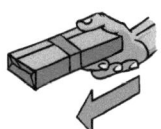

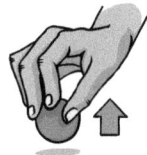

avoir

hebben

faire

doon

être

sien

être debout

stahn

courir

lopen

trier

trecken

jeter

smieten

tomber

fallen

être couché

liggen

attendre

töven

porter

dregen

être assis

sitten

s'habiller

antrecken

dormir

slapen

se réveiller

opwaken

regarder

ankieken

pleurer

wenen

caresser

eien

peigner

kämmen

parler

snacken

comprendre

verstahn

demander

fragen

écouter

hören

boire

drinken

manger

eten

ranger

oprümen

aimer

leefhebben

cuire

kaken

conduire

fohren

voler

flegen

faire de la voile

segeln

calculer

reken

lire

lesen

apprendre

lehren

travailler

arbeiden

se marier

de Plünnen tohoopsmieten

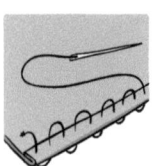

coudre

neihen

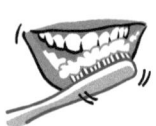

brosser les dents

Tähnen putzen

tuer

dootmaken

fumer

smöken

envoyer

schicken

la famille
Familje

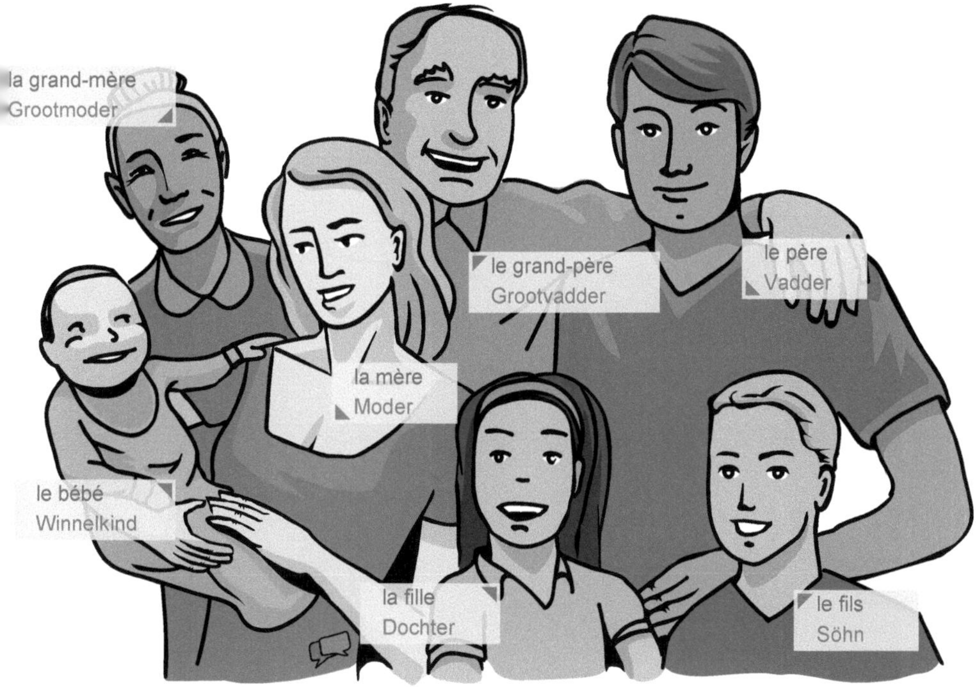

la grand-mère
Grootmoder
le grand-père
Grootvadder
le père
Vadder
la mère
Moder
le bébé
Winnelkind
la fille
Dochter
le fils
Söhn

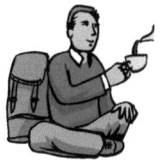

l'hôte

Gast

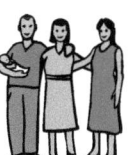

la tante

Tant

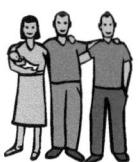

l'oncle

Unkel

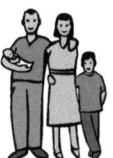

le frère

Broder

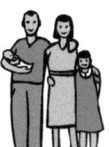

la sœur

Süster

le corps
Lief

le front
Vörkopp
l'œil
Oog
l'épaule
Schuller
le doigt
Finger
le visage
Gesicht
le menton
Kinn
la main
Hand
la jambe
Been
la poitrine
Bost
le bras
Arm

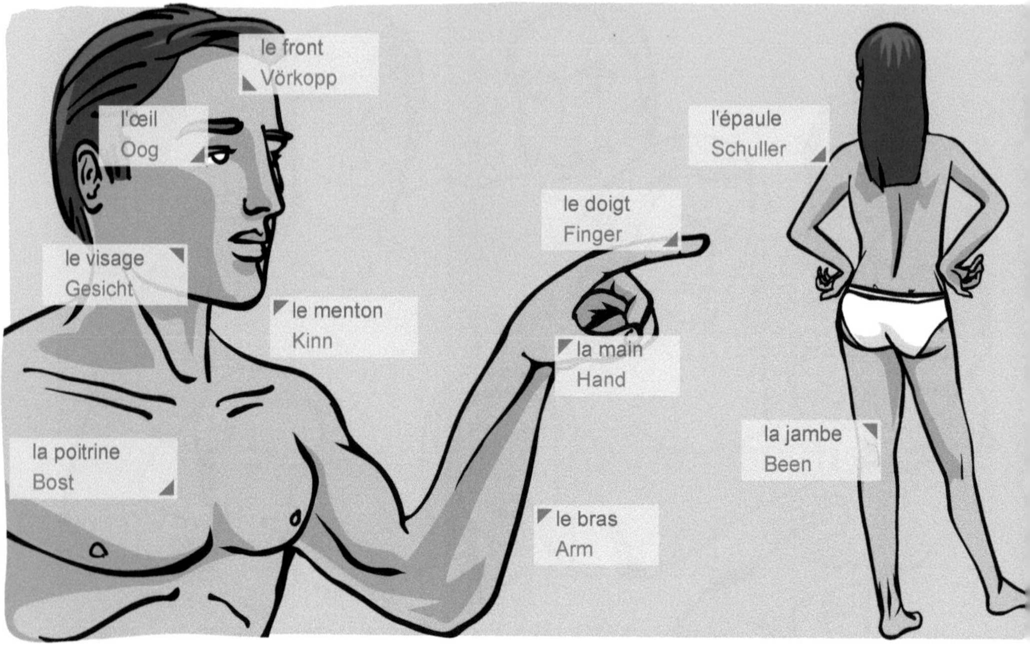

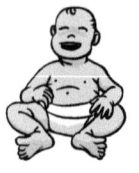

le bébé
Winnelkind

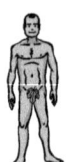

l'homme
Mann

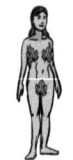

la femme
Fro

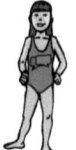

la fille
Deern

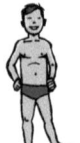

le garçon
Jung

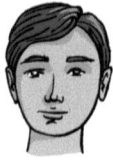

la tête
Arm

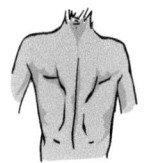

le dos

Rüch

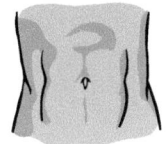

le ventre

Buuk

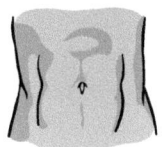

le nombril

Navel

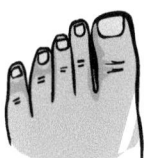

l'orteil

Teh

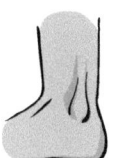

le talon

Hack

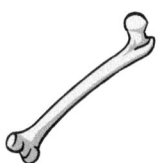

l'os

Knaken

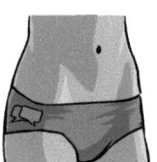

la hanche

Hüft

le genou

Knee

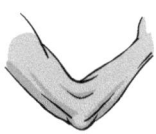

le coude

Ellbagen

le nez

Nees

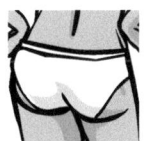

les fesses

Achtersen

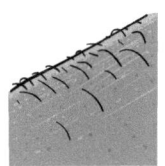

la peau

Huut

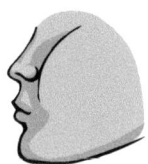

la joue

Back

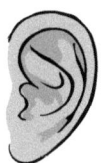

l'oreille

Ohr

la lèvre

Lipp

la bouche
Mund

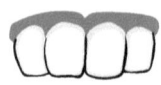

la dent
Tähn

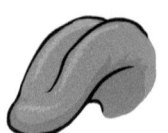

la langue
Tung

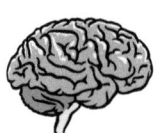

le cerveau
Bregen

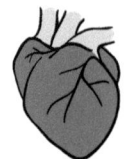

le cœur
Hart

le muscle
Muskel

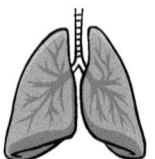

les poumons
Lung

le foie
Lever

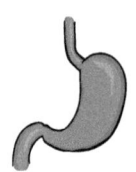

l'estomac
Maag

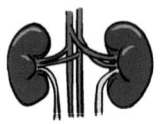

les reins
Neren

le rapport sexuel
Bislaap

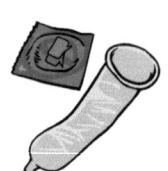

le préservatif
Kondoom

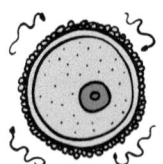

l'ovule
Eizell

le sperme
Sperma

la grossesse
Anner Ümstänn

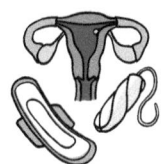

la menstruation

Menstruatschoon

le vagin

Scheed

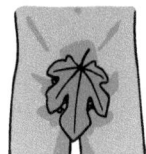

le pénis

Pint

le sourcil

Ogenbroe

les cheveux

Hoor

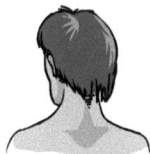

le cou

Hals

l'hôpital
Krankenhuus

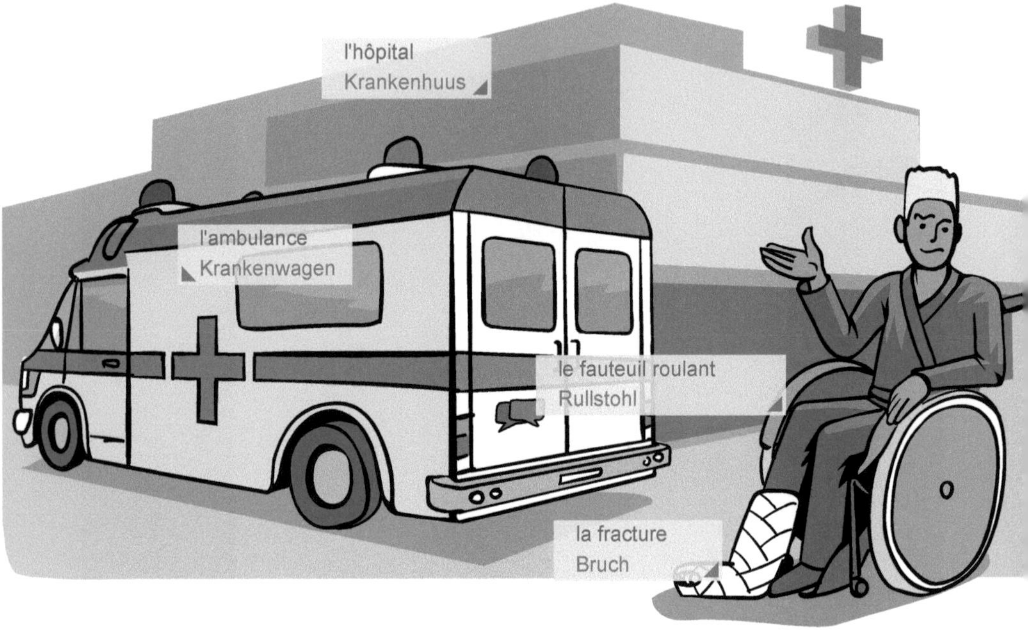

l'hôpital
Krankenhuus
l'ambulance
Krankenwagen
le fauteuil roulant
Rullstohl
la fracture
Bruch

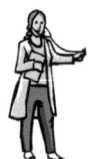

le médecin

Dokter

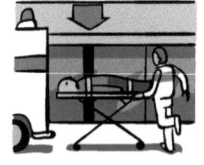

le service des urgences

Nootopnahm

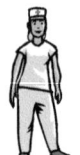

l'infirmière

Krankensüster

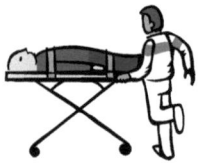

l'urgence

Nootfall

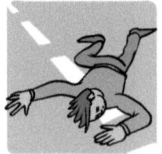

inconscient

ahnmächtig

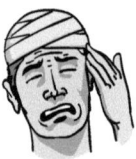

la douleur

Wehdaag

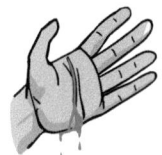

la blessure

Verwunnen

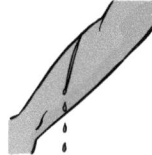

l'hémorragie

Blöden

la crise cardiaque

Hartinfarkt

l'attaque cérébrale

Slaganfall

l'allergie

Allergie

la toux

Hoosten

la fièvre

Fever

la grippe

Gripp

la diarrhée

Dörchfall

le mal de tête

Koppwehdaag

le cancer

Kreeft

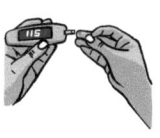

le diabète

Zuckersüük

le chirurgien

Chirurg

le scalpel

Chirurgsch Mess

l'opération

Operatschoon

le CT

CT

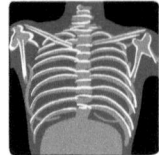

la radiographie

Dörchlüchten

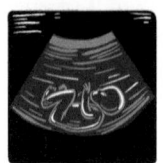

l'échographie

Ultraschall

le masque

Mask

la maladie

Krankheit

la salle d'attente

Töövruum

la béquille

Krück

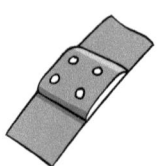

le pansement

Plaaster

le pansement

Verband

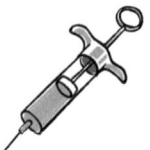

l'injection

Insprütten

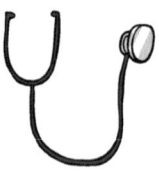

le stéthoscope

Stethoskop

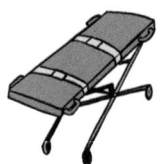

le brancard

Draag

le thermomètre

Feverthermometer

l'accouchement

Geboort

la surcharge pondérale

Övergewicht

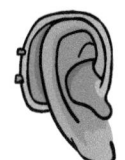

l'appareil auditif

Höörapparat

le désinfectant

Kiemfriemiddel

l'infection

Ansteken

le virus

Virus

le VIH / le sida

HIV / AIDS

le médicament

Heelmiddel

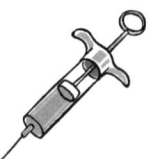

la vaccination

Impen

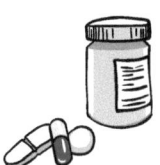

les comprimés

Tabletten

la pilule

Pill

l'appel d'urgence

Nootroop

le tensiomètre

Blootdruck-Meter

malade / sain

krank / gesund

Au secours !

Hölp!

l'alarme

Alarm

l'assaut

Överfall

l'attaque

Angreep

le danger

Gefohr

la sortie de secours

Nootutgang

Au feu!

Füer!

l'extincteur

Füerlöscher

l'accident

Unfall

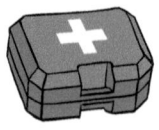

la trousse de premier
secours

Noothölpkoffer

SOS

SOS

la police

Polizei

l'Europe

Europa

l'Amérique du Nord

Noordamerika

l'Amérique du Sud

Süüdamerika

l'Afrique

Afrika

l'Asie

Asien

l'Australie

Australien

l'Océan atlantique

Atlantik

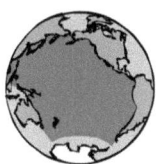

l'Océan pacifique

Pazifik

l'Océan indien

Indisch Weltmeer

l'Océan antarctique

Antarktisch Weltmeer

l'Océan arctique

Arktisch Weltmeer

le Pôle nord

Noordpol

le Pôle sud
....
Süüdpol

l'Antarctique
....
Antarktis

la terre
....
Eerd

le pays
....
Land

la mer
....
See

l'île
....
Eiland

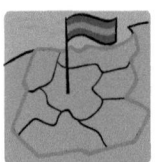

la nation
....
Natschoon

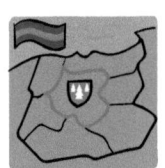

l'état
....
Staat

le cadran

Tallenblatt

l'aiguille des heures

Stunnenwieser

l'aiguille des minutes

Minutenwieser

l'aiguille des secondes

Sekunnenwieser

Quelle heure est-il ?

Wo laat is dat?

le jour

Dag

le temps

Tiet

maintenant

nu

la montre digitale

digetaalsch Klock

la minute

Minuut

l'heure

Stunn

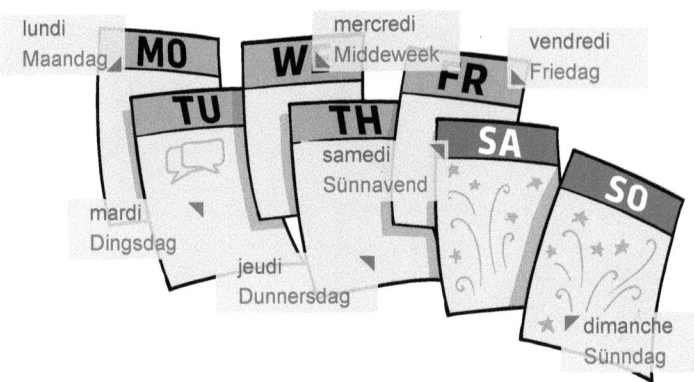

lundi
Maandag

mercredi
Middeweek

vendredi
Friedag

samedi
Sünnavend

mardi
Dingsdag

jeudi
Dunnersdag

dimanche
Sünndag

hier

güstern

aujourd'hui

hüüt

demain

morgen

le matin

Morgen

le midi

Meddag

le soir

Avend

les jours ouvrables

Arbeitsdaag

le week-end

Wekenenn

l'année
Johr

l'arc-en-ciel
Regenbagen
la pluie
Regen
la neige
Snee
le vent
Wind
le printemps
Fröhjohr
l'automne
Harvst
l'été
Sommer
l'hiver
Winter

4.APRIL 11°
5.APRIL 4°
6.APRIL 13°
7.APRIL 8°
8.APRIL 10°

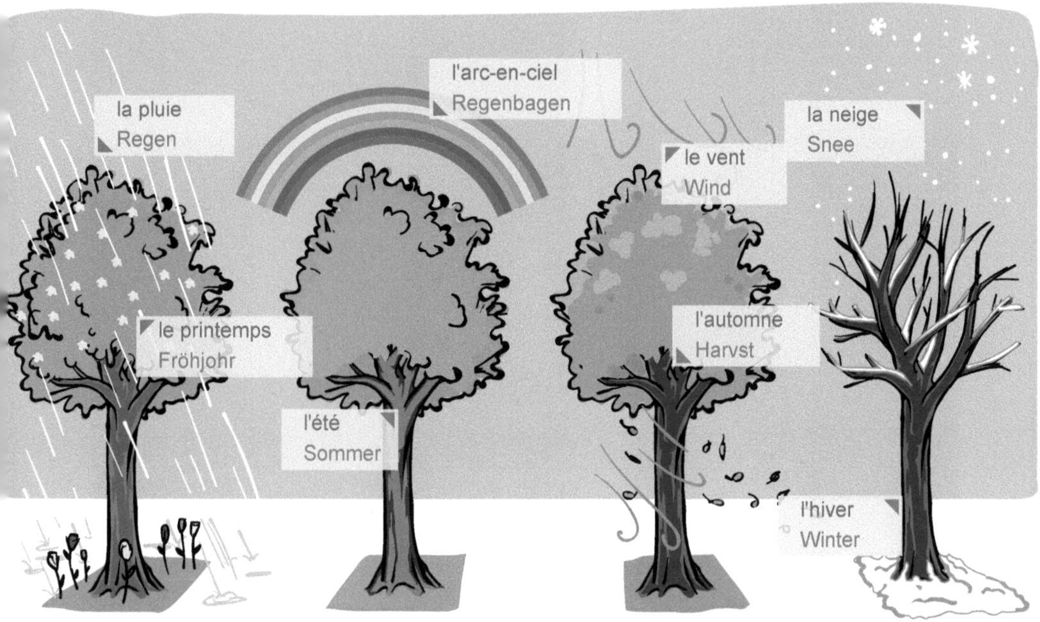

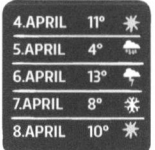

la météo

Wedervörhersaag

F
C
120
90
60
30
0
-30
40
30
20
10
0
-10
-20

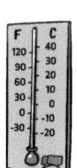

le thermomètre

Thermometer

la lumière du soleil

Sünnenschien

le nuage

Wulk

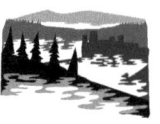

le brouillard

Nevel

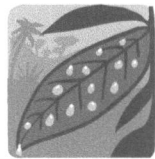

l'humidité

Luftfuchtigkeit

la foudre

Blitz

la tonnerre

Dunner

la tempête

Storm

la grêle

Hagel

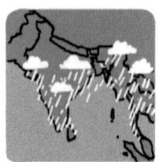

la mousson

Monsun

l'inondation

Floot

la glace

les

janvier

Januormaand

février

Februormaand

mars

Martmaand

avril

Aprilmaand

mai

Maimaand

juin

Junimaand

juillet

Julimaand

août

Augustmaand

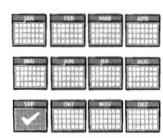

septembre

Septembermaand

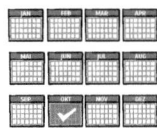

octobre

Oktobermaand

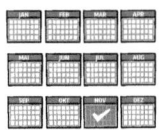

novembre

Novembermaand

décembre

Dezembermaand

les formes
Formen

le cercle

Krink

le carré

Quadrat

le rectangle

Rechteck

le triangle

Dreeeck

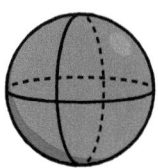

la sphère

Kugel

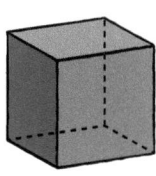

le cube

Wörpel

blanc

witt

jaune

geel

orange

orangsch

rose

pink

rouge

root

violet

lila

bleu

blau

vert

gröön

marron

bruun

gris

gries

noir

swart

beaucoup / peu
....
veel / wenig

fâché / calme
....
böös / verdreeglich

joli / laid
....
smuck / mies

le début / la fin
....
Begünn / Enn

grand / petit
....
groot / lütt

clair / obscure
....
hell / düüster

frère / soeur
....
Broder / Süster

propre / sale
....
schier / schietig

complet / incomplet
....
kumpleet / nich kumpleet

le jour / la nuit
....
Dag / Nacht

mort / vivant
....
doot / lebennig

large / étroit
....
breet / small

comestible / incomestible

geneetbor / nich geneetbor

méchant / gentil

böös / fründlich

excité / ennuyé

fickerig / langwielt

gros / mince

dick / dünn

le premier / le dernier

toeerst / toletzt

l'ami / l'ennemi

Fründ / Fiend

plein / vide

vull / leddig

dur / souple

hart / week

lourd / léger

swoor / licht

faim / soif

Smacht / Döst

malade / sain

krank / gesund

illégal / légal

nich na't Recht / na't Recht

intelligent / stupide

klook / dummerhaftig

gauche / droite

linkerhand / rechterhand

proche / loin

neeg / feern

nouveau / usé

nieg / bruukt

rien / quelque chose

nix / wat

vieux / jeune

oolt / jung

marche / arrêt

an / ut

ouvert / fermé

apen / slaten

faible / fort

lies / luut

riche / pauvre

riek / arm

correct / incorrect

richtig / verkehrt

rugueux / lisse

ruug / glatt

triste / heureux

trurig / glücklich

court / long

kort / lang

lent / rapide

suutje / flink

mouillé / sec

natt / dröög

chaud / froid

warm / köhl

la guerre / la paix

Krieg / Freden

Tallen

0	**1**	**2**
zéro	un / une	deux
null	een	twee

3	**4**	**5**
trois	quatre	cinq
dree	veer	fief

6	**7**	**8**
six	sept	huit
söss	söven	acht

9	**10**	**11**
neuf	dix	onze
negen	teihn	ölven

12

douze

twölf

13

treize

dörteihn

14

quatorze

veerteihn

15

quinze

föffteihn

16

seize

sössteihn

17

dix-sept

söventeihn

18

dix-huit

achtteihn

19

dix-neuf

negenteihn

20

vingt

twintig

100

cent

hunnert

1.000

mille

dusend

1.000.000

le million

million

l'anglais

Engelsch

l'anglais américain

Amerikaansch Engelsch

le chinois mandarin

Chineesch Mandarin

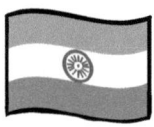

le hindi

Hindi

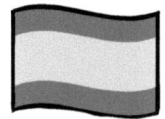

l'espagnol

Spaansch

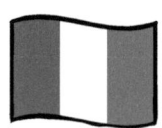

le français

Franzöösch

l'arabe

Araabsch

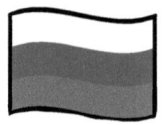

le russe

Rusch

le portugais

Portugiesch

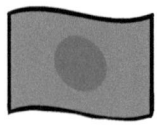

le bengali

Bengaalsch

l'allemand

Düütsch

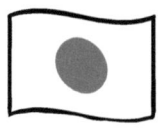

le japonais

Japaansch

je

ik

tu

du

il / elle / ce, c', cela

he / se / dat

nous

wi

vous

ji

ils / elles

se

Qui ?

keen?

Quoi ?

wat?

Comment ?

woans?

Où ?

woneem?

Quand ?

wannehr?

le nom

Naam

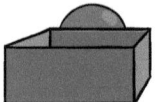

derrière

achter

dans

in

devant

vör

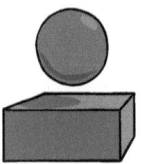

au-dessus

över

sur

op

en-dessous

ünner

à côté de

blangen

entre

twüschen

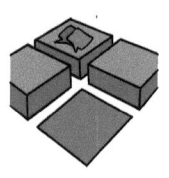

le lieu

Oort